BEI GRIN MACHT SICH
WISSEN BEZAHLT

- Wir veröffentlichen Ihre Hausarbeit,
  Bachelor- und Masterarbeit

- Ihr eigenes eBook und Buch -
  weltweit in allen wichtigen Shops

- Verdienen Sie an jedem Verkauf

Jetzt bei www.GRIN.com hochladen
und kostenlos publizieren

Diana Bogner

Entwurfsrichtlinien und Designempfehlungen für barrierefreie Websites

Stand der Forschung

GRIN Verlag

Bibliografische Information der Deutschen Nationalbibliothek:

Die Deutsche Bibliothek verzeichnet diese Publikation in der Deutschen National-
bibliografie; detaillierte bibliografische Daten sind im Internet über http://dnb.d-
nb.de/ abrufbar.

Dieses Werk sowie alle darin enthaltenen einzelnen Beiträge und Abbildungen
sind urheberrechtlich geschützt. Jede Verwertung, die nicht ausdrücklich vom
Urheberrechtsschutz zugelassen ist, bedarf der vorherigen Zustimmung des Verla-
ges. Das gilt insbesondere für Vervielfältigungen, Bearbeitungen, Übersetzungen,
Mikroverfilmungen, Auswertungen durch Datenbanken und für die Einspeicherung
und Verarbeitung in elektronische Systeme. Alle Rechte, auch die des auszugsweisen
Nachdrucks, der fotomechanischen Wiedergabe (einschließlich Mikrokopie) sowie
der Auswertung durch Datenbanken oder ähnliche Einrichtungen, vorbehalten.

Impressum:

Copyright © 2009 GRIN Verlag GmbH
Druck und Bindung: Books on Demand GmbH, Norderstedt Germany
ISBN: 978-3-656-08131-9

Dieses Buch bei GRIN:

http://www.grin.com/de/e-book/183620/entwurfsrichtlinien-und-designempfehlun-
gen-fuer-barrierefreie-websites

Fachhochschulstudiengänge Burgenland GmbH
Campus 1
A-7000 Eisenstadt

Studiengang „Internettechnologien"

Bachelorarbeit 1

Entwurfsrichtlinien und Designempfehlungen für barrierefreie Websites

Stand der Forschung

Erna Diana Bogner

Eisenstadt, Wintersemester 2008/2009

Ehrenwörtliche Erklärung

Ich habe diese Bachelorarbeit selbstständig verfasst, alle meine Quellen und Hilfsmittel angegeben, keine unerlaubten Hilfen eingesetzt und die Arbeit bisher in keiner Form als Prüfungsarbeit vorgelegt.

Ort und Datum   Unterschrift

Kurzfassung Deutsch

Barrierefreier Zugang im Internet bedeutet einen Zugang zu sämtlichen Informationen auf Websites zu schaffen. Diese Arbeit beschäftigt sich damit, welche Lösungsmöglichkeiten derzeit vorhanden sind um Websites möglichst barrierefrei zu gestalten bzw. welche Hilfsmittel zur Verfügung stehen, um körperlich benachteiligten Menschen eine weitestgehend barrierefreie Nutzung von Websites zu ermöglichen.

Kurzfassung Englisch

Barrier free access on the internet means to offer access to all information available on websites. This thesis concentrates on presently existing solutions to design websites preferably barrier free and provided appliances, to enable physically disadvantaged people the barrier free use of websites.

Inhaltsverzeichnis

1 Einleitung

Das Internet ist heutzutage für sehr viele Menschen zur Selbstverständlichkeit geworden und es besteht die Möglichkeit Informationen aus aller Welt abzurufen. Jedoch profitieren nicht alle Menschen von dieser Entwicklung. Laut dem Bericht der Bundesregierung zur Lage von Menschen mit Behinderungen in Österreich 2008, leiden hochgerechnet etwa 630.000 Personen unter einer starken Beeinträchtigung, die mindestens schon 6 Monate andauert (Behinderung im engeren Sinn). Etwa 3,9% der österreichischen Bevölkerung haben Probleme mit dem Sehen, 2,5% haben Einschränkungen beim Hören.[1]

Diese Behinderungen schließen eine Internetnutzung zwar nicht immer völlig aus, allerdings gibt es Barrieren im Internet, die die Nutzung oft deutlich erschweren. Mittels barrierefreiem Webdesign wird die Möglichkeit geschaffen, Inhalte und Interaktionen im Internet für möglichst viele Nutzergruppen und Endgeräte zugänglich zu machen. Sind die Angebote entsprechend gestaltet und stehen verschiedenste assistive Technologien zur Verfügung, dann lassen sich viele dieser Barrieren überwinden.

Ziel der Arbeit ist es einen Überblick über den aktuellen Stand der Forschung betreffend Richtlinien und Designempfehlungen bei Webseiten zu geben, sowie über die Ausgangslage und vorhandene Hilfsmittel für körperlich benachteiligte Menschen. Eine zusammenfassende Übersicht unter Kapitel 6 über geeignete Technologien in Bezug auf die jeweilige Behinderung rundet das Bild ab.

---

[1] vgl [4]

2 Barrierefreiheit

Barrierefreiheit bedeutet, dass Benutzer ungehindert Informationen im Internet abrufen können und niemand von der Nutzung ausgeschlossen wird. Spezifischer ausgedrückt, soll Barrierefreiheit dahingehend reichen, dass Benutzer mit Behinderungen, Webinhalte wahrnehmen und verstehen können, auf Webseiten navigieren und interagieren, sowie auch mitwirken können. Die Flexibilität auf Webseiten soll dahingehend reichen, dass der Benutzer das Design seinen Bedürfnissen entsprechend anpassen kann bzw. ein problemloser Einsatz von technischen Hilfsmitteln möglich ist.

Der Ursprung des Vorhabens für ein barrierefreies Internet, ist in den USA zu finden. Im Jahr 1998 wurde dort die Gleichstellung Behinderter im Gesetz verankert: der „Federal Disabilities Act für die Bundesebene und der „American Disabilities Act" für den kommerziellen Bereich. Darin enthalten ist die „Section 508", in welcher die Zugänglichkeit von Informationsangeboten genau beschrieben ist.[2]

Von Barrierefreiheit profitieren aber nicht nur behinderte Personen, sondern auch die Allgemeinheit. Dazu gehören auch ältere Menschen, bei welchen sich Fähigkeiten aufgrund des Alterns mit der Zeit ändern und es oft zu verschiedensten körperlichen Einschränkungen wie nachlassender Sehkraft, schlechtere Hörfähigkeit usw., gleichzeitig kommt.

Auch Personen, die vorübergehend durch verschiedene Situationen, wie zB einem gebrochenen Arm, eingeschränkt sind, gehören zu diesem Kreis. Des Weiteren gibt es immer mehr Menschen, die beispielsweise mit Netbooks, PDAs oder iPhones das Internet nutzen. Auch diesem Personenkreis ist mit barrierefreiem Webdesign gedient.[3]

---

[2] vgl. [6]
[3] DI Erharter, Dorothea, 15.01.2009

Barrierefreiheit umfasst alle Behinderungen, die Auswirkung auf den Zugang zum Web haben. Dazu gehören visuelle, auditive, motorische und geistige Behinderungen.[4] Aufgrund dieser unzähligen, individuell geprägten Einschränkungen, ist es aber nicht möglich alle angebotenen Informationen in jeder beliebigen Form für alle Menschen zugänglich zu machen und Webseiten 100 Prozent barrierefrei zu gestalten. Daher spricht man neben „barrierefrei" auch von „barrierearm".

---

[4] vgl. [3]

3 Arten von Behinderungen

3.1 Sehbehinderungen

Der Begriff „Sehbehinderung" wird so definiert, dass eine Person dann sehbehindert ist, wenn eine Korrektur mit optischen Gläsern kein normales Sehvermögen ermöglicht.[5] Man unterscheidet verschiedene Stufen der Fehlsichtigkeit, wobei rechtlich nach Prozenten eingestuft wird. Erkennt zum Beispiel eine Person einen Gegenstand erst aus 10m, während ein Normalsehender diesen bereits aus 100m Entfernung wahrnimmt, so sieht diese Person nicht 100%, sondern nur mehr 10 % (Visus 0,1).

In der folgenden Tabelle erhält man einen Überblick über die Unterscheidung der verschiedenen Einschränkungen:[6]

Stufen	Einstufung in Prozent
sehbehindert:	Sehschärfe zwischen 30% und 5%
hochgradig sehbehindert:	Sehschärfe zwischen 5% und 2%
blind:	Sehschärfe von 2% und weniger

Tabelle 1: Stufen der Fehlsichtigkeit

Des Weiteren gibt es verschiedene Arten der Farbfehlsichtigkeit, wobei zwischen Rotblindheit, Grünblindheit und Blaublindheit unterschieden wird. Vor allem die männliche Bevölkerung (ca. 10%) ist von Formen der Farbblindheit betroffen, während bei Frauen diese Sehbeeinträchtigung sehr selten auftritt. Ebenso Blindheit gegenüber anderen Farben und völlige Farbblindheit kommen nur in sehr seltenen Fällen vor.[7] Farbfehlsichtige Menschen nehmen die Farbe in einer einheitlichen Schattierung wahr, vergleichbar mit einer Graustufendarstellung.

---

[5] vgl. [7]
[6] vgl. [8], Seite 28
[7] vgl. [2], Seite 4

Während sich einige Fehlsichtigkeiten durch Brillen oder, wie etwa beim grauen oder grünen Star, operativ ausgleichen bzw. mildern lassen, gibt es auch Erkrankungen, zB die Diabetische Retinopathie (Netzhautschädigung aufgrund von Diabetes)[8], die zu einer ständigen Verschlechterung der Sehkraft bis hin zum kompletten Verlust der Sehfähigkeit.

Aufgrund der verschiedenen Formen der Sehbehinderungen lässt sich ein Vorgabeschema für Schriftfarbe, Schriftgröße und Kontrast nicht festlegen. Dem Betroffenen muss daher eine einfache Möglichkeit geboten werden, diese Darstellungsparameter für seine Bedürfnisse anzupassen.

---

[8] vgl. [9]

3.2   Motorische Behinderungen

Im allgemeinen Sprachgebrauch ist eine motorische Behinderung, eine vorübergehende oder dauernde Beeinträchtigung des Bewegungsapparates aufgrund einer Schädigung des Stütz- und Bewegungssystems oder einer anderen organischen Schädigung.[9]

Erscheinungsformen motorischer Behinderungen: [10]

Schädigung des Zentralnervensystems	Schädigungen des Skelettsystems	Fehlbildungen des Skelettsystems	Amputationen durch	Muskelsystem-erkrankungen	Entzündliche Erkrankungen der Knochen und Gelenke
Querschnittslähmung	Rückgrat-verkrümmungen	Spaltbildungen von Hand oder Fuß	Unfallschäden	Muskelatrophie	Arthritis
zerebrale Bewegungsstörungen	Glasknochen-krankheit		Tumore	Muskeldystrophie	
Multiple Sklerose	Gelenkfehl-stellungen		Gefäß-erkrankungen		
Spaltbildungen des Rumpfes					
Parkinsonerkrankungen					

Tabelle 2: Erscheinungsformen motorischer Behinderungen

Besonders Bedacht ist hier auf Menschen zu nehmen, denen es nicht möglich ist, eine Tastatur oder Maus zu bedienen. Zum Beispiel durch Bewegungsunfähigkeit von Armen und Fingern, durch unkontrollierte Bewegungsabläufe. Andere Betroffene wiederum sind wie erwähnt beispielsweise vom Hals abwärts gelähmt, haben keine Hände oder Arme oder sind etwa nach einem Schlaganfall halbseitig gelähmt.

---

[9] vgl. [5], Seite 161
[10] vgl. [10]

Wenn es einem Menschen mit motorischer Behinderung noch möglich ist ein binäres Signal gezielt zu übermitteln, so ist das ausreichend, um mit entsprechendem Lernaufwand und spezifischer Software einen Computer vollständig bedienen zu lernen.[11]

---

[11] vgl. [2], Seite 15

3.3 Hörbehinderungen

Der Begriff „Hörbehinderung" umschreibt sämtliche Arten von Beeinträchtigungen betreffend das auditive System.[12]

Bei den Graden der Schwerhörigkeit gibt es folgende Einteilung:[13]

Grad	Hörverlust in Prozent	Beispiel
geringgradige Schwerhörigkeit	20% bis 40%	Ticken einer Armbanduhr wird nicht mehr wahrgenommen
mittelgradige Schwerhörigkeit	40% bis 60%	Grundgeräusche in Wohngebieten werden nicht mehr wahrgenommen
hochgradige Schwerhörigkeit	60% bis 80%	Gesprächspartner kann nicht mehr gehört werden
Resthörigkeit	80% bis 95%	Lautes Sprechen von Personen kann nicht mehr gehört werden
Taubheit	100%	Es wird nichts mehr gehört

Tabelle 3: Grade der Schwerhörigkeit

In Österreich gibt es etwa 8000 Menschen, die vollkommen gehörlos sind. Etwa 10.000 bis 15.000 sind so hochgradig schwerhörig, sodass allein über das Gehör auch mit Hörhilfe eine Verständigung kaum möglich ist.[14]

Für Betroffene, die unter vollkommener Gehörlosigkeit leiden, ist es schwierig die deutsche Lautsprache zu erlernen, da Laute produziert werden müssen, die der Betroffene nie gehört hat, sodass nicht nur für die Kommunikation untereinander die Gebärdensprache vorgezogen wird, sondern auch beim Aufnehmen von

---

[12] vgl. [13]
[13] vgl. [11]
[14] vgl. [12]

Informationen fremden Inhalts.[15] Die Gebärdensprache wird auch als die „Muttersprache" von Gehörlosen bezeichnet.[16]

Eine Anforderung erster Priorität ist daher die Texte auf Websites, für Gehörlose möglichst in einfacher Sprache zu halten bzw. Informationen als Videos in Gebärdensprache zur Verfügung zu stellen.

---

[15] vgl. [2], Seite 17
[16] vgl. [14]

4 Technische Hilfsmittel

Menschen mit Behinderungen können standardisierte Ein- und Ausgabegeräte wie Maus, Tastatur, Monitor usw. oft nicht verwenden und sind beim Arbeiten mit dem Computer oder bei der Nutzung des Internets auf verschiedenste andere Hilfsmittel, die auch assistive Technologien genannt werden, angewiesen.

Da die Anforderungen äußerst mannigfaltig sind, wurden und werden infolgedessen laufend auch dementsprechend viele Lösungen entwickelt. Mittlerweile gibt es auf diesem speziellen Markt mehr als 2.000 Unternehmen, welche über 20.000 Produkte anbieten.[17]

4.1 Bei Sehbehinderungen

Für Menschen mit Sehbehinderungen gibt es mehrere Möglichkeiten, den Bildschirm so anzupassen, dass die Inhalte von Webseiten leichter lesbar werden oder, dass die Informationen über Töne oder Berührungen wahrgenommen werden können, wie es bei blinden und hochgradig sehbehinderten Menschen der Fall ist. Diese nehmen die Inhalte über ihr Gehör oder über den Tastsinn auf.[18]

Im Folgenden wird ein kleiner Überblick über verschiedene technische Hilfsmittel gegeben, die bei Sehbehinderungen Einsatz finden.

Bildschirmlupen

Für Benutzer, deren Sehfähigkeit eingeschränkt ist, kann beispielsweise schon der Einsatz einer Vergrößerungssoftware ausreichend sein, um die Bedienbarkeit eines Computers und infolge auch des Internets zu gewährleisten. Bei diesen Bildschirmlupen wird immer ein bestimmter vergrößerter Ausschnitt des Bildschirms gezeigt. Vom User kann dieser Ausschnitt, der ähnlich einer Lupe ist, zur Vergrößerung angewandt werden.[19]

---

[17] vgl. [15]
[18] vgl. [16]
[19] vgl. [16]

Screenreader

Screenreader kommen am häufigsten bei blinden Personen zum Einsatz. Es sind Softwarelösungen, welche – unabhängig vom genutzten Programm – den gesamten Bildschirm auslesen, egal ob Text, Grafik oder Steuerelemente wie Schaltflächen oder Menüs. Als Beispiele seien hier Jaws von Freedom Scientific, Virgo von BAUM Retec AG und Blindows von Audiodata genannt.[20]

Webreader

Währen Screenreader den gesamten Bildschirm auslesen, gibt es Webreader, die speziell für die Wiedergabe von Inhalten auf Webseiten konzipiert sind. Das bekannteste Programm in diesem Bereich ist der IBM Homepagereader. Dieser ist eine Kombination von Windows Internet Explorer und dem IBM Sprachsynthesizer.[21]

Braille-Zeilen

Braille-Zeilen funktionieren auf die Weise, dass Inhalte nicht auf akustischer sondern auf taktiler Ebene ausgegeben werden. Dies geschieht über eine Lochmaskenschiene, wobei einzelne Stifte hoch gedrückt und die Inhalte so in Braille-Schrift ausgegeben werden. Die Ausgabe von einfachen Grafiken ist mit einer Braille-Fläche möglich, die mit beispielsweise 24 x 36 einzeln angesteuerten Bildpunkten die Grafik ertastbar macht.

Abb. 1: Braille-Zeilen

---

[20] vgl. [2], Seite 12
[21] vgl. [2], Seite 13

Tastatur

Als Eingabegerät wird von den meisten Sehbehinderten die Tastatur benutzt. Es gibt aber auch Softwarelösungen, die die Bedienung von Computern und Webseiten via Sprache ermöglichen.[22]

4.2 Bei motorischen Behinderungen[23]

Personen mit motorischen Behinderungen stehen oft vor der Barriere, dass sie keine Maus benutzen können und auch eine normale Tastatur nicht das optimale Eingabegerät für sie ist. Die Bandbreite von assistiven Technologien ist bei dieser Zielgruppe sehr vielfältig, sodass im Folgenden nur einige Möglichkeiten erläutert werden.

Spezialtastaturen

Als Unterstützung bzw. Lösung werden beispielsweise spezielle Tastaturen eingesetzt, die etwa mit extrem großen oder extrem kleinen Tasten ausgestattet sind. Mit besonderer Tastenbelegung und auch solche, die für die Steuerung mit nur einer Hand entwickelt wurden. Diese Tastaturen müssen allerdings nicht ausschließlich manuell bedient werden, sondern es kann die Bedienung auch zum Beispiel über Stäbe erfolgen, die an anderen Körperteilen angebracht sind. Zum Beispiel am Ellbogen, dem Kopf, an den Knien oder Füßen.

Abbildung 2: Beispiel einer Spezialtastatur

---

[22] vgl. [15]
[23] vgl. [15]

Trackball-Systeme

Alternativ zu einer Standard-Maus, gibt es Trackball-Systeme, wobei der User das Eingabegeräte nicht auf einer bestimmten Fläche koordiniert bewegen muss. Bei Trackball-Systemen ist auf der Oberseite des Geräts eine in alle Richtungen drehbare Kugel angebracht, die es ermöglicht den Cursor zu steuern.

Abbildung 3: Trackball

Electronic Pointing Devices

Eine weitere Möglichkeit bieten Electronic Pointing Devices. Hierbei kann der Mauszeiger auf verschiedenste Art, zum Beispiel durch Augenbewegungen, Nervensignale, Ultraschall und mittlerweile sogar über Gehirnwellen gesteuert werden.

Abbildung 4: Steuerung über Electronic Pointing Device

Steuerung über den Atem

Es gibt aber auch Menschen, deren motorische Fähigkeiten so stark eingeschränkt sind, dass es für sie unmöglich ist, ihren Körper willkürlich und kontrolliert zu bewegen. Für diese Betroffenen gibt es Systeme, die eine Steuerung des Computers über den Atem ermöglichen.

4.3 Bei Hörbehinderungen

Während bei blinden Menschen die technischen Lösungen weitestgehend bekannt und ausgereift sind, ist dies bei gehörlosen Menschen noch immer ein Problem. Das Erlernen der Lautsprache, wie unter Punkt 3.3.1 erwähnt, ist für Gehörlose sehr schwierig. Ebenso problematisch ist es für die Betroffenen die Schriftsprache zu erlernen. Gehörlose verfügen über keinen Rückkanal, woraus folgt, dass die Kompetenz in Lesen und Schreiben eher gering ist. Das Ersetzen von Audiodateien in Text stellt also nur eine eher geringe Erleichterung für das Verständnis von Inhalten für Gehörlose dar.[24]

Videos in Gebärdensprache

Sinnvoll ist die Einbindung von Videos in Gebärdensprache. Wichtig hierbei sind die synchronen Abläufe. Text, eine aufgenommene Sprechstimme und ein Gebärdensprachvideo mit jeweils dem gleichen Inhalt werden miteinander verknüpft und parallel geschalten. Ein Farbbalken zeigt im Text an, welche Stelle gerade gebärdet bzw. vorgelesen wird. Dadurch ist es möglich, dass Text, Stimme und Gebärden zur gleichen Zeit wahrgenommen werden können.[25] Weiters wird empfohlen, auf implementierte Videos mittels ÖGS-Icon aufmerksam zu machen, sodass diese leichter gefunden werden.

Abbildung 5: ÖGS Icon

---

[24] vgl. [17]
[25] vgl. [18]

5 Richtlinien

5.1 Verfasser der Richtlinien für barrierefreie Webseiten[26]

Das „World Wide Web Consortium", kurz „W3C" genannt, ist ein internationales Konsortium, in welchem Mitgliedsorganisationen, ein fest angestelltes Team, und die Öffentlichkeit zusammen daran arbeiten, Web-Standards zu schaffen. Ziel des W3C ist es, alle Möglichkeiten im Word Wide Web zu erschließen, sodass Protokolle und Richtlinien entwickelt werden, die ein dauerhaftes Wachstum des Web sichern.

Die Web Accessibility Initiative (WAI) ist die Arbeitsgruppe innerhalb der W3C, die sich konkret mit dem barrierefreien Zugang zum Web und dessen Inhalten beschäftigt. Das Ziel von WAI ist, so vielen Menschen wie möglich, einen Zugang zum World Wide Web zu ermöglichen.

Unter Zugang versteht man, dass Menschen mit körperlichen oder mentalen Benachteiligungen im Web wahrnehmen, verstehen, navigieren, interagieren, und im Weiteren auch selbst etwas dazu beitragen können.

Die Richtlinien, genannt „Web Content Accessibility Guidelines" oder kurz „WCAG" sind eine Empfehlung der WAI des W3C und offizieller Standard für die Erstellung von barrierefreien Websites. Die aktuelle Version WCAG 2.0 wurde am 11. Dezember 2008 nach mehr als neunjähriger Beratung verabschiedet und ist der Nachfolger von WCAG 1.0, welche seit Mai 1999 Empfehlungsstatus hatten.

Obwohl die Möglichkeit besteht, sich an die WCAG 1.0 ODER WCAG 2.0 oder auch an beide Versionen zu halten, empfiehlt die W3C, dass neue und aktualisierte Inhalte im Web den Richtlinien der WCAG 2.0 folgen sollten.

---

[26] vgl. [6]

5.2 Überblick über die Richtlinien

Bezug nehmend auf die Angaben des W3C wird im Folgenden ein Überblick über die Richtlinien der Web Accessibility Initiative gegeben.

5.2.1 Die vier Prinzipien

Die Richtlinien und Erfolgskriterien basieren auf den folgenden vier Prinzipien, welche die notwendige Basis legen, um jedermann Zugang und Verwendung des Webs ermöglichen.

Wahrnehmbarkeit	Informationen und User Interface Elemente müssen auf die Art und Weise dargestellt werden, die User wahrnehmen können
Bedienbarkeit	Es muss dem User möglich sein, die User Interface Elemente und die Navigation zu bedienen
Verständlichkeit	Die Information und Bedienung des User Interface muss verständlich sein
Robustheit	Der Inhalt muss robust genug sein, sodass dieser von vielen verschiedenen technischen Hilfsmitteln verlässlich dargestellt werden kann

Tabelle 4: Die vier Prinzipien

Zu diesen vier Prinzipien gibt es Richtlinien und Erfolgskriterien auf welche im Folgenden eingegangen wird.

5.2.2 Richtlinien

Die 12 Richtlinien stellen die Grundziele dar, auf die Verfasser von Webinhalten hinarbeiten sollten, um ebendiese für Menschen mit Behinderungen zugänglicher zu machen. Diese Richtlinien sind nicht prüfbar, aber stellen einen Rahmen und umfassende Ziele dar, die dem Verfasser ein besseres Verständnis der Erfolgskriterien vermitteln und helfen Techniken zu implementieren. Die Richtlinien sowie auch die Erfolgskriterien sind normativ und technikunabhängig formuliert.

Wahrnehmbarkeit

Richtlinie 1.1 – Text-Alternativen

Für jeden Inhalt, der nicht in Textform vorliegt, sollten Text-Alternativen zur Verfügung gestellt werden, sodass der Inhalt in andere Formen umgeändert werden kann, zB Braille, Audio, Symbole oder einfachere Sprache.

Richtlinie 1.2 – Zeitabhängige Medien

Alternativen für zeitabhängige Medien sollen zur Verfügung gestellt werden.

Richtlinie 1.3 – Anpassungsfähigkeit

Inhalte sollen so gestaltet werden, dass sie auf verschiedene Weise dargestellt werden können, zB einfacheres Layout, ohne Verlust von Information und /oder Struktur.

Richtlinie 1.4 – Unterscheidbarkeit

Es soll dem User erleichtert werden, Inhalte zu erkennen und zu hören, dies beinhaltet auch das Trennen von Vordergrund und Hintergrund.

Bedienbarkeit

Richtlinie 2.1 – Tastaturzugänglichkeit

Alle Funktionen sollen über die Tastatur genutzt werden können.

Richtlinie 2.2 – Ausreichend Zeit

Dem Benutzer soll genug Zeit zur Verfügung stehen, um Inhalte lesen und verwenden zu können.

Richtlinie 2.3 – Anfälle

Das Design des Inhalts soll nicht auf eine Art dargestellt werden, von der man weiß, dass jene die Ursache von Anfällen ist.

Richtlinie 2.4 – Navigierbarkeit

Es sollen Möglichkeiten zur Verfügung stehen, die dem User helfen zu navigieren, Inhalte zu finden und bestimmen zu lassen, wo sich der User gerade befindet.

Verständlichkeit

Richtlinie 3.1 – Lesbarkeit

Inhalte in Textform sollen für den User lesbar und verständlich sein.

Richtlinie 3.2 – Voraussagbarkeit

Webseiten sollen so dargestellt werden und funktionieren, dass Darstellung und Funktion vorhersehbar sind.

Richtlinie 3.3 – Eingabehilfen

Dem User soll Hilfe zur Verfügung stehen, um Eingabefehler zu vermeiden bzw. zu korrigieren.

Robustheit

Richtlinie 4.1 – Kompatibilität

Es soll ein Maximum an Kompatibilität mit aktuellen und zukünftigen technischen Hilfsmitteln gegeben sein.

5.2.3 Erfolgskriterien

Für jede Richtlinie gibt es prüfbare Erfolgskriterien, durch die die WCAG 2.0 dort verwendet werden können, wo Anforderungs- und Performanztests notwendig sind. Beispielsweise bei Designspezifikationen, Regulationen und vertraglichen Vereinbarungen. Um den Anforderungen der verschiedenen Zielgruppen und Situationen gerecht zu werden, wurden drei Konformitätsstufen definiert:

- A (als niedrigste)
- AA
- AAA (als höchste)

5.2.4 Gesetzliche Vorgaben in Österreich

Die WCAG 2.0 sind als international gültige Empfehlung definiert und sind keine Norm. Es gibt in einzelnen Staaten landesspezifische Vorgaben (zB BITV in Deutschland), welche allerdings grundsätzlich auf den WCAG beruhen.

Für Websites der öffentlichen Hand wird im österreichischen E-Government Gesetz die Einhaltung der WCAG Stufe A zwingend vorgeschrieben. Eine Erfüllung der der weiteren Stufen wird so weit wie möglich angestrebt. Das österreichische Bundesbehindertengleichstellungsgesetz (BBGStG) beinhaltet die Einhaltung der WCAG Stufe AA. Werden in Österreich Websites mit Hilfe von öffentlichen Fördermitteln erstellt, so unterliegen diese dem BBStG und sollten so weit wie möglich WCAG 2.0 AA konform gestaltet werden.[27]

---

[27] vgl. [19]

6 Anwendbarkeit der Technologien

Im Folgenden wird ein Überblick über die Anwendbarkeit der verschiedenen Technologien gegeben, basierend auf den Zuordnungen des Centers for Persons with Disabilities und der Utah State University.

Eingabegeräte	Art der Sehbehinderung			
	Blindheit Sehschärfe: < 2%	**hochgradige Sehbehinderung** Sehschärfe: 2% bis 5%	**Sehbehinderung** Sehschärfe: 5% bis 30%	**Farbblindheit**
Braille-Zeile	✓			
Standardtastatur (mit/ohne Blindenschrift)	✓	✓	✓	✓
Spracheingabe	✓	✓		
Ausgabeformen				
Bildschirmlupe		✓	✓	
Screenreader	✓	✓		
Braille-Zeile	✓			
Voice-Browser	✓	✓		
Bildschirmauflösung anpassen			✓	
Bildschirm-invertierung				✓

Tabelle 5: Technologien bei Sehbehinderungen

Eingabegeräte	Art der Hörbehinderung				
	gehörlos Hörverlust: 100%	Resthörigkeit Hörverlust: 80% bis 95%	hochgradige Schwer-hörigkeit Hörverlust: 60% bis 80%	mittelgradige Schwer-hörigkeit Hörverlust: 40% bis 60%	geringgradige Schwer-hörigkeit Hörverlust: 20% bis 40%
Ausgabeformen					
Videos in Gebärdensprache	✓	✓			
Einfacher Text	✓	✓			
visuelle Warnsignale	✓	✓	✓	✓	✓

Tabelle 6: Technologien bei Hörbehinderungen

Eingabegeräte	Art der motorischen Behinderung			
	Querschnitts-lähmung	Amputationen (Finger, Hände, Arme)	Fehlbildungen	unkontrollierte Bewegungs-abläufe
Spezialtastaturen mit extrem großen/extrem kleinen Tasten		✓	✓	✓
Spezialtastaturen mit besonderer Belegung		✓	✓	✓
Spezialtastaturen für Steuerung mit nur einer Hand		✓	✓	
Stäbe, die an anderen Gliedmaßen/am Kopf angebracht werden, um Tastatur zu steuern	✓	✓	✓	
Trackball-Systeme				✓
Electronic Pointing Devices	✓			
Steuerung über den Atem	✓			

Tabelle 7: Technologien bei motorischen Behinderungen

7 Fazit

Barrierefreiheit ist kein Status, sondern ein ständiger Prozess und um die Bedürfnisse jener Menschen zu verstehen, die von barrierefreien Webseiten profitieren, braucht es Zeit. Patentrezepte für Barrierefreiheit gibt es keine und die Umgestaltung in einen barrierefreien Internetauftritt hängt von verschiedenen Faktoren ab. Zum Beispiel wie groß eine Webseite ist, wie sie organisiert ist, usw.

Absolute Barrierefreiheit ist nicht erreichbar, denn es gibt immer Potenzial zur Verbesserung und Weiterentwicklung. Ein wichtiger Schritt in die richtige Richtung ist, dass Barrierefreiheit als Teil der Unternehmenskultur gelebt wird und in ihren Ansätzen verstanden wird.

Provokant vereinfacht könnte das Rezept für die Umstellung eines bestehenden nicht barrierefreien Internet-Auftrittes folgendermaßen lauten: Man nehme ein engagiertes Team mit einem gewissen technischen Know How, redaktionellem Verständnis, der Bereitschaft zu lernen, stelle verbindliche Regeln auf, die die Einhaltung der WAI-Richtlinien (Level A, AA, AAA) vorschreiben oder verankere diese im bereits bestehenden Styleguide, überzeuge alle Mitarbeiter und auch die Chefetage von der Wichtigkeit dieses Zieles und engagiere einen qualifizierten Accessibility-Spezialisten. Eine Mischung aus viererlei Zutaten, die letztendlich zum Erfolg führt.[28]

---

[28] vgl. [20]

8 Verzeichnisse

8.1 Literaturverzeichnis

[1]   Hellbusch, J. E.; Mayer, T.: Barrierefreies Webdesign – alle WAI-Richtlinien, 5. Auflage, Know-Ware, (2007)

[2]   Charlier, M.; Radtke, A.: Barrierefreies Webdesign, Verlag Addison-Wesley, (2006)

[3]   Winkler, S.: Diplomarbeit "Gibt es ein barrierefreies Web?" (2003)

[4]   Buchinger, E.: Bericht der Bundesregierung zur Lage Menschen mit Behinderungen in Österreich 2008

[5]   Bleidick, U.: Handbuch der Sonderpädagogik (1985)

8.2 Linkverzeichnis

[6]   W3C – The World Wide Web Consortium
http://www.w3.org

[7]   Bund zur Förderung Sehbehinderter e.V.
http://www.bfs-ev.de/index.php?menuid=1&reporeid=12

[8]   Österreichischer Blinden- u. Sehbehindertenverband
http://www.oebsv.at/download/unterricht.pdf

[9]   ÖBSV - Landesgruppe Wien, NÖ und Bgld.
http://www.braille.at/braille/augen-medizin/diabetische_retinopathie

[10]   Ratgeber Behinderung
http://www.behinderung.org/koe.htm

[11]   Dr. Gumpert, Nicolas, Medizinisches Informationsportal
http://www.dr-gumpert.de/html/schwerhoerigkeit.html

[12]   Verein Bizeps – Beratungsstelle für behinderte Menschen
http://www.bizeps.or.at/news.php?nr=485

[13]   Deutsche Hörbehinderten Selbsthilfe e.V.
http://www.hoerbehindertenselbsthilfe.de

[14]   WAI (Web Accessibility Initiative) Austria
       http://www.wai-austria.at/tipps/gebaerden.php

[15]   Barrierefreies Webdesign – Ein behindertengerechtes Internet gestalten
       http://www.barrierefreies-webdesign.de

[16]   Microsoft Österreich - Accessibility
       http://www.microsoft.com/austria/enable/

[17]   Zentrum für Hochschul- und Weiterbildung – Universität Hamburg
       http://www.zhw.uni-hamburg.de

[18]   Servicezentrum ÖGS Barrierefrei
       http://www.oegsbarrierefrei.at/

[19]   Koordinations- und Strategiegremium der Bundesregierung für
       E-Government in Österreich
       http://www.digitales.oesterreich.gv.at/site/5566/default.aspx

[20]   WAI Austria
       http://www.wai-austria.at/grundlagen/anbieter03_ms.php

8.3   Abbildungsverzeichnis

Abbildung 1: Braille-Zeilen
http://www.lesen-fuer-alle.de/braille_bmw-range.jpg

Abbildung 2: Spezialtastatur
http://www.computer-fuer-behinderte.de

Abbildung 3: Trackball
http://www.wes-electronic.de

Abbildung 4: Steuerung über Electronic Pointing Devices
http://www.fctd.info

Abbildung 5: ÖGS Icon
http://www.bmwf.gv.at/fileadmin/user_upload/oegs_haende.gif

8.4 Tabellenverzeichnis

Tabelle 1:   Stufen der Fehlsichtigkeit

Tabelle 2:   Erscheinungsformen motorischer Behinderungen

Tabelle 3:   Grade der Schwerhörigkeit

Tabelle 4:   Die vier Prinzipien

Tabelle 5:   Technologien bei Sehbehinderungen

Tabelle 6:   Technologien bei Hörbehinderungen

Tabelle 7:   Technologien bei motorischen Behinderungen

www.ingramcontent.com/pod-product-compliance
Lightning Source LLC
La Vergne TN
LVHW042308060326
832902LV00009B/1336